HERENCIA Y HEREDEROS

CAMINANDO EN TU HERENCIA COMPRADA EN JESUCRISTO

MIGUEL A. SANCHEZ

PRÓLOGO DE FEMI ADUN

HERENCIA Y HEREDEROS

Publicado por:
Gracehouse Publishing
56, Gosport Road, Walthamstow,
London, United Kingdom, E17 7LY

Todas las escrituras fueron tomada de la versión bíblica Reina Valera Actualizada (RVA-2015).

CONTENTS

AGRADECIMIENTOS

Primero, quiero agradecer a mi Señor Jesús por todo lo que ha hecho por mí, y por lo que seguirá haciendo a través de mí para su gloria.

Quiero agradecer a mi esposa Gina L. Sánchez por ayudarme a escribir este libro. Cumpliendose asi la palabra profética que nos fue dada. Utilizaste tus habilidades de escritura para hacerme sonar bien. ¡Te amo!

Me gustaría agradecer al Apóstol Femi Adun por ser usado por Dios mientras me enviaba mensajes de texto sobre otras cosas. Cuando, de repente, tu texto cambió y me preguntaste el 14 de agosto de 2018, Hermano, ¿cuándo vas a escribir tu libro? No tenías ni idea el deseo que había en mi corazón durante muchos años de escribir libros. Me animaste y te convertiste en el camino para hacerlo realidad.

Por último, me gustaría agradecer al Pastor Joseph Samuel

también por confirmar que el Señor quería que escribiera este libro con una palabra profética el 8 de septiembre de 2019, lo que me hizo decir "Realmente necesito hacer esto ahora".

Un gran agradecimiento a la familia de "Fuego En El Altar" por apoyar este trabajo. Dios está haciendo cosas poderosas a través de este ministerio.

PRÓLOGO

A menudo, como creyentes, hablamos de quiénes somos en Cristo, lo que considero el sistema operativo del cristiano del nuevo testamento. Como creyentes no podemos permitirnos navegar en nuestra vida cristiana sin un conocimiento profundo y una comprensión de nuestra identidad en Cristo, ya que esto es lo que nos da la capacidad innata de funcionar como hijos e hijas de Dios exteriormente. Sin embargo, otra poderosa verdad bíblica de la que todo creyente debe tener una revelación no es sólo quiénes somos en Cristo, sino también lo que tenemos en Cristo, nuestra herencia a través de su sangre derramada en la cruz del Calvario.

De acuerdo con Romanos 8:17 cada creyente es referido como heredero de Dios, lo que significa que a través de Cristo tú y yo somos ahora hijos de Dios con derechos paternales a su herencia. Significa que ya no somos ni forasteros ni esclavos; a través de Cristo nos convertimos en la herencia del Señor. La herencia es lo que da derecho a reclamar la herencia de tus descendientes. Ahora que tu herencia está en Cristo, Dios quiere que aproveches todas las bendiciones que nos aseguro a ti y a mí en Jesucristo.

La falta de este conocimiento o entendimiento resulta en una mentalidad de esclavo, que ha llevado a muchos creyentes a pedir lo que ya es suyo como herederos de Dios. Creo que a esto se refería el Apóstol Pablo cuando escribió Gálatas 4:1 'Digo, además, que entre tanto que el heredero es niño en nada difiere del esclavo, aunque es señor de todo'. Cuando un creyente no sabe lo que tiene en Cristo, no se diferencia de un niño que no conoce el tipo de familia en la que ha nacido ni los privilegios que tiene como heredero de esa familia.

Como la mayoría de los niños creciendo, me encariñé con el personaje de ficción de la película Tarzán. Tarzán, el único humano de la selva, creció con otros animales de la selva y era la única familia que conocía y tenía. Después de muchos años, Tarzán conoció a su primer humano y esa revelación cambió todo para él porque de repente se dio cuenta de que había más de lo que era y de lo que podía tener. De la misma manera, hay más para cada hijo de Dios y más allá de lo físico. Una vida llena de gloriosa herencia disponible a través de Jesucristo. Pero es sólo en la revelación de quiénes somos y de lo que tenemos en Cristo que se hace disponible.

Estoy muy impresionado con lo que el Pastor Miguel ha

hecho con el libro; en el sentido de que ha articulado cuidadosamente a través de las escrituras no sólo quiénes somos, sino más esencialmente lo que tenemos en Cristo. Su pasión por que cada hijo de Dios experimente la vida sobrenatural en Cristo, se revela innegablemente a través de cada frase. Con el fin de inspirar a usted, su lector a ir en busca de su herencia y vivir una vida abundante en Cristo. Este libro "Herencia y Herederos" es un libro oportuno, especialmente en un momento en que el mundo entero está experimentando un cambio en la estructura social, política y económica que ha llevado a la circulación del miedo al bienestar social y la estabilidad económica. Descubrirá a través de la revelación de este libro que no hay necesidad de vivir con miedo, ya que su herencia en Cristo cubre cada área de la vida del creyente aquí en la tierra, así como le asegura su herencia celestial.

Recomiendo encarecidamente este libro, como lo hago con el autor mismo; un amigo convertido en hermano en Cristo. Gracias, Pastor Miguel, por proveer al cuerpo de Cristo con esta verdad eterna en una temporada oportuna para nuestro crecimiento espiritual y edificación personal. No tengo ninguna duda de que este libro cambiará las vidas de miles de creyentes en todo el mundo y ruego para que traiga a millones de almas perdidas a la gracia salvadora de nuestro señor Jesucristo, Amén.

Apóstol Femi Adun
Presidente, Eagle World Outreach

PREFACIO

¿Cuál es nuestra herencia en Jesucristo? Bueno, la definición de la palabra herencia es: Un patrimonio, un regalo de Dios o la porción que Dios ha asignado. Una cosa, una posesión o una propiedad que es heredada o legada a ti como beneficiario, después de que un miembro de la familia o un amigo fallezca. Dicho esto, somos los beneficiarios y los herederos legítimos de todo lo que Jesucristo nos ha transmitido. Somos hijos de Dios Padre y coherederos con Jesucristo (Romanos 8:16 y 17).

Ser un heredero significa que eres el siguiente en la línea para recibir lo que es tuyo basado en tu derecho de nacimiento. Por ejemplo, si eres el primogénito de un rey, entonces automáticamente te conviertes en el heredero del trono y eventualmente te convertirás en el próximo rey. Por lo tanto, una vez que recibimos a Jesús como nuestro Señor, Salvador y Rey de nuestras vidas, automáticamente nos convertimos en el siguiente en la línea para recibir lo que es legítimamente nuestro en Él. Porque cuando nacimos de nuevo, estamos calificados debido a nuestro nacimiento espiritual como hijos e hijas de Dios para heredar lo que es legítimamente nuestro en el Señor Jesucristo.

Efesios 1:11
En él también recibimos herencia, habiendo sido predestinados según el propósito de aquel que realiza todas las cosas conforme al consejo de su voluntad.

Este versículo nos muestra que hemos recibido una herencia en Cristo. Parte de nuestra herencia está almacenada en el cielo, para ser disfrutada en el futuro cuando Jesús regrese. Hay una parte que ya hemos recibido, así que podemos caminar en ella ahora. Como la experiencia del nuevo nacimiento, el bautismo del Espíritu Santo, los dones del Espíritu Santo y la unción del Espíritu Santo. Tengan en cuenta que hay mucho más en nuestra herencia. Experimentaremos un nuevo cielo, una nueva tierra y un nuevo cuerpo, con el cual no volveremos a experimentar la muerte. Podemos disfrutar de una vida abundante aquí y ahora como Jesús prometió y una vida gloriosa por venir.

Juan 10:10
El ladrón no viene sino para robar, matar y destruir. Yo he venido para que tengan vida, y para que la tengan en abundancia.

Oro que, al leer este libro, Dios empiece a revelarte los

tesoros ocultos y las promesas que ha predestinado para tu vida. Es esencial saber y entender lo que ya tienes, y lo que te corresponde en Él. Mi oración es que este libro te ayude a identificar lo que es legítimamente tuyo, para que puedas reclamarlo, ¡caminar en él y saber quién eres en Cristo Jesús!

ORAR PARA VER

Es tan importante para ti, saber lo que ya has obtenido en Jesucristo! No es lo que vas a recibir, sino más bien lo que ya tienes aquí y ahora. En Efesios capítulo 1, vemos que el apóstol Pablo estaba hablando a la iglesia de Éfeso, y estaba orando para que los ojos de su entendimiento fueran iluminados. El oraba para que los ojos espirituales de la iglesia se abrieran. ¿Para qué? ¿Qué haces con tus ojos? ¿Comes con los ojos? ¡Claro que no! ¿Hablas con los ojos? No. ¿Para qué sirven los ojos? Bueno, los ojos te dan la habilidad de ver. Aquí vemos que Pablo no oraba para que se abrieran los ojos físicos. En cambio, Pablo estaba orando para que se abrieran sus ojos espirituales. Oraba esto para que la iglesia de Éfeso pudiera ver lo que era legalmente suyo en Cristo.

Efesios 1:17 y 18
Pido que el Dios de nuestro Señor Jesucristo, el Padre de gloria, les dé espíritu de sabiduría y de revelación en el pleno conocimiento de él; 18 habiendo sido iluminados

los ojos de su entendimiento para que conozcan cuál es la esperanza a la que los ha llamado, cuáles las riquezas de la gloria de su herencia en los santos.

Pablo no hablaba sólo de escuchar esto. Estaba insinuando que llegarías a conocer esto de primera mano al experimentarlo por tu cuenta. El conocimiento de primera mano sobrepasa cualquier información que te enseñen, o que aprendas viendo a alguien más hacerlo. La experiencia real y tangible que experimentes triunfará sobre todo lo demás. Por ejemplo, puedes leer sobre el parto y puedes ver a alguien dar a luz. Sin embargo, hasta que realmente pases por la experiencia de dar a luz tú mismo, simplemente permanecerá como conocimiento intelectual sin experimentarlo realmente.

Hazte esta pregunta: ¿Quiero la revelación en el conocimiento de Jesús?

Efesios 1:18
Habiendo sido iluminados los ojos de su entendimiento.

Cuando tus ojos espirituales estén iluminados, la oscuridad se irá. Esto te permitirá ver claramente. Aquí hay un ejemplo de lo que quiero decir: Cuando entras en una habitación oscura, tienes dificultad para ver lo que está a tu alrededor. Sin embargo, una vez que enciendas la luz, entonces serás capaz de ver todo con claridad. Las cosas en la habitación ya estaban allí, pero no podías verlas porque no había luz. De la misma manera, Dios ya nos ha dado una herencia, que sólo podremos ver una vez que nuestros ojos espirituales se hayan iluminado.

Pablo no hablaba de escuchar esto. Hablaba de que tú lo sepas de primera mano al experimentarlo por ti mismo. Una vez que te conviertes en un creyente en Jesucristo, entonces eres apartado y se considera que estás aceptado delante de Dios. Por lo tanto, te has convertido en un santo y ahora tienes el derecho de recibir la herencia que Él tiene para ti. Pablo dijo, para que conozcas la herencia que hay en ti. Cuando Jesús murió y lo recibiste como Señor y Salvador, el Espíritu Santo depositó una herencia en tu interior. Eso significa que ya está en ti. A medida que crezcas en el conocimiento de Cristo y en su palabra, comenzarás a ver lo que exactamente ha sido depositado en tu interior. Cuando depositas un cheque en tu cuenta bancaria, tienes que comprobar por internet para ver que el depósito se realizó con éxito. Cuando el Espíritu Santo abra tus ojos espirituales podrás ver que el depósito se realizó con éxito y que está disponible para tu uso.

¡Pablo rogo por revelación para que puedas ver no lo que está fuera de ti, sino lo que está dentro de ti! Necesitas cambiar tu mente para no verte a ti mismo desde el exterior, y comenzar a verte con tus ojos espirituales y lo que tienes en tu interior. Una vez que seas capaz de capturar la revelación de lo que tienes dentro de ti, entonces comenzarás a vivir una vida cristiana victoriosa. Conocerás tu herencia en Cristo y el poder y la autoridad que tienes en esta vida. Satanás ya no podrá aprovecharse de ti. En el libro de Oseas dice: "Mi pueblo perece por falta de conocimiento". Una vez que tengas el conocimiento de tu herencia, no perecerás en la vida, sino que prosperarás en la vida.

Oseas 4:6
"Mi pueblo es destruido porque carece de conocimiento. Porque tú has rechazado el conocimiento yo te echaré del sacerdocio; y porque te has olvidado de la ley de tu Dios yo también me olvidaré de tus hijos.

Todo lo que necesitas para vivir una vida cristiana exitosa, Dios ya lo ha puesto en tu interior. La escritura dice "Cristo en ti la esperanza de gloria". (Verso - Colosenses 1:27) Jesús vive en ti a través de la persona del Espíritu Santo, y eso es todo lo que necesitas en esta vida para vivir victoriosamente. Jesús dijo, "Ríos de agua viva fluirán de ti". Entonces, ¿dónde están esos ríos de agua viva? Está dentro de ti esperando brotar de ti. Jesús no dijo "río". Dijo "ríos", que en plural significa más de uno. ¿Qué son estos ríos? Son ríos de sanidad, ríos de liberación, ríos del favor, de bendiciones y de poder de Dios. ¡Amén! ¿Cómo caminamos en esas bendiciones? Viendo lo que tenemos en Cristo.

2 Corintios 3:11
Porque si lo que se desvanecía era por medio de gloria, ¡cuánto más excede en gloria lo que permanece!

En el antiguo pacto ellos experimentaron la gloria de Dios,

pero este nuevo pacto que tenemos es mucho más glorioso. En el antiguo pacto Dios estaba con ellos, pero en el nuevo pacto, DIOS está en nosotros.

2 Corintios 3:12
Así que, teniendo tal esperanza, actuamos con mucha confianza;

Estamos confiados en el nuevo pacto debido a la sangre de Jesús. La confianza significa que no hay duda, así que podemos ir directamente a Su trono y pedirle a Dios cualquier cosa de acuerdo con Su perfecta voluntad.

2 Corintios 3:14
Sin embargo, sus mentes fueron endurecidas; pues hasta el día de hoy, cuando leen el antiguo pacto, el mismo velo sigue puesto, porque solo en Cristo es quitado.

Cualquiera que lea las escrituras, sin Cristo en ellas, tendrán un velo espiritual. Ese velo sólo se quita después de recibir a Cristo Jesús. Una vez más este velo, o la ceguera espiritual se quita sólo en Cristo.

2 Corintios 3:16
Pero cuando se conviertan al Señor, el velo será quitado.

En el versículo 14 dice "Sin embargo, sus mentes fueron endurecidas; pues hasta el día de hoy, cuando leen el antiguo pacto, el mismo velo sigue puesto, porque solo en Cristo es quitado". Sólo en Cristo se quita este velo. Si vemos una habitación llena de ciegos, sentiremos compasión por ellos y empezaremos a desear que puedan ver. Pero la ceguera espiritual es peor que la ceguera física. La ceguera física sólo te afectará en este mundo, pero la ceguera espiritual te afectará en este mundo y en el mundo por venir. Ese velo espiritual se quita de los corazones y las mentes de la gente cuando se cree y se recibe a Cristo. Cuando las personas tienen cataratas en sus ojos físicos no pueden ver con claridad, pero con la tecnología moderna ahora se puede eliminar las cataratas. Una vez que naces de nuevo, tus cataratas espirituales son removidas para que puedas empezar a ver claramente. Por lo tanto, cuando empiezas a leer las escrituras, puedes ver espiritualmente y entender espiritualmente lo que la palabra de Dios dice. Gracias a Dios porque una vez fuimos ciegos, pero ahora podemos ver. Declaren, "¡Puedo ver en Cristo!"

CAPÍTULO 2
BENDECIDO EN CRISTO

Efesios 1:3
Bendito sea el Dios y Padre de nuestro Señor Jesucristo, quien nos ha bendecido en Cristo con toda bendición espiritual en los lugares celestiales.

Tomen en cuenta de que Pablo hace referencia frecuentemente a "en Cristo" y "en Él" a lo largo de las escrituras. ¿Qué significa esto? Significa que todo lo que recibimos, tiene que ser recibido en Cristo o en Él. Esto es porque Dios Padre ha depositado todo en Jesucristo. Por lo tanto, una vez que recibimos a Jesús, también recibimos todo lo que Él tiene en su interior. Nos convertimos en partícipes legítimos de todo lo que Él tiene para nosotros. Una ilustración física sería que cuando una mujer está embarazada y el bebé está dentro de ella, el bebé participa de todo lo que ella come y bebe. Así que al estar en Cristo estás participando de cada bendición espiritual que Cristo ha recibido del padre.

Efesios 1:3 declara que somos bendecidos con toda bendición espiritual en los lugares celestiales en Jesucristo! Aquí podemos ver uno de los muchos beneficios de nuestra herencia. ¡Ya estamos bendecidos en Cristo Jesús! Por favor, entiendan que esto no significa que vamos a ser bendecidos, sino que significa que ya estamos bendecidos. Esta escritura hace referencia a que ya estamos bendecidos con todas las bendiciones espirituales en los lugares celestiales aquí y ahora. ¿Cómo obtenemos las bendiciones que hemos almacenado en el cielo aquí en la tierra? Podemos acceder a esas bendiciones en el cielo aquí en la tierra a través de la oración. Esa es la clave para acceder a nuestras bendiciones celestiales. Igual como Jesús oró, venga tu reino, hágase tu voluntad en la tierra como en el cielo. La bendición espiritual de Dios sobre nosotros manifiestan todo tipo de bendiciones. Así que lo que recibimos es "la" bendición, que es mayor que "una" bendición cualquiera. Puedes perder una bendición específica pero no puedes perder la bendición, que te traerá todas las bendiciones. Por ejemplo, si perdieras tu trabajo, entonces habrías perdido una bendición específica. Sin embargo, ya que tienes "la" bendición, entonces tienes el poder de encontrar otro trabajo.

Gálatas 3:13 y 14
Cristo nos redimió de la maldición de la ley al hacerse maldición por nosotros (porque está escrito: Maldito todo el que es colgado en un madero), 14 para que la bendición de Abraham llegara por Cristo Jesús a los

gentiles, a fin de que recibamos la promesa del Espíritu por medio de la fe.

Aquí, podemos ver que la bendición de Abraham es liberada para aquellos que están en Cristo. Si estás fuera de Cristo, entonces nunca experimentarás la bendición de Abraham porque sólo se encuentra en Cristo. Una vez que estás en Cristo, tu obediencia activa la bendición de Abraham. La desobediencia desactivará el flujo de la bendición. La obediencia activa que la bendición fluya. Abraham, Isaac, Jacob, José, David y Jesús caminaron en la bendición de Abraham. Ahora esta bendición ha llegado a nosotros en Cristo. Comienza a declarar que la bendición de Abraham y todas las promesas de Dios son tuyas.

2 Corintios 1:20
Porque todas las promesas de Dios son en él "sí" y, por tanto, también por medio de él decimos "amén" a Dios, para su gloria por medio nuestro.

Todas las promesas son sí y amén. Así que cada promesa que ves en las escrituras desde el Génesis hasta el Apocalipsis, Dios dice SÍ a cada promesa en Cristo. Él está esperando que digas "amén" a esas promesas. Está esperando que estés de acuerdo con las promesas de Dios. Dios te ha prometido algo, así que recíbelo con fe. Las promesas se reciben a través de la fe. Hay muchas promesas sobre nuestras vidas, pero tienes que entrar y poseer la tierra. ¡Dios dice, "Sí" a la promesa! Él simplemente está esperando que te pongas de acuerdo y digas amén a esa promesa.

¡Porque todas las promesas de Dios están en Cristo! Tienes promesas a través de la palabra escrita y tienes promesas proféticas sobre tu vida. Tienes la promesa rhema y la promesa logos, que es la palabra escrita de Dios. La palabra rhema es cuando Dios te dice una palabra específica. Por ejemplo, Dios nos dijo a mi esposa y a mí que fuéramos a Tampa, Florida. No a Alaska. Tampa era la palabra rhema para nosotros, pero no significa que sea la palabra rhema para que todos los demás se muden a Tampa, FL. Hay cosas que Dios te va a hablar y a prometerte a ti y sólo a ti. Luego habrá cosas que Él le dirá a alguien más que haga y que no te dirá a ti que hagas. ¡Lo que puedo decirte es que tanto sea una promesa escrita de logos o rhema, Dios dice que sí a esa promesa! ¡Todas las promesas son sí y amén en Cristo! ¡Declara sí y amén en Cristo para todas sus promesas en tu vida!

CAPÍTULO 3

ELEGIDO EN CRISTO

Efesios 1:4
Asimismo, nos escogió en él desde antes de la fundación del mundo para que fuéramos santos y sin mancha delante de él.

Vemos en esta escritura que hemos sido elegidos en Cristo antes de que los cielos y la tierra fueran creados. Él te eligió a ti antes de que tú lo eligieras a Él. La razón por la que tú y yo lo elegimos es sólo porque Él nos eligió a nosotros. Él te atrajo hacia él y tu respondiste a esa atracción del Amor. ¡Pensar que Dios te eligió antes de que dijera que hubiera luz es asombroso! Si alguna vez fuiste rechazado, regocíjate porque Dios ya te ha elegido. Incluso con todos tus defectos y errores en la vida, eres el elegido en Cristo. ¡Eras la elección de Dios y Dios no comete errores! ¿Por qué te eligió? Todo es por lo que Cristo hizo en la cruz.

Apocalipsis 13:8
Y le adorarán todos los habitantes sobre la tierra, cuyos nombres no están inscritos en el libro de la vida del Cordero, quien fue inmolado desde la fundación del mundo.

Esta escritura dice que el cordero fue sacrificado antes de que el mundo fuera hecho. ¿Cuándo fue crucificado Jesús? ¿Fue hace aproximadamente 2,000 años? ¿O fue asesinado antes de eso? La respuesta es que fue asesinado mucho más antes de hace 2,000 años. ¿Saben dónde? En la mente y en el corazón de Dios, Jesús fue crucificado antes de la creación del mundo. ¡Vaya! Qué verdad tan poderosa. Ocurrió en el ámbito del espíritu en la eternidad donde Dios habita. Donde no existe el tiempo y Dios que conoce el final desde el principio, miró al futuro antes de que nacieras y te eligió y dijo que eres de él. En ese momento antes de la creación Dios te aceptó a través de Cristo. En el ámbito del tiempo, Dios creó los cielos y la tierra. Entonces, en el tiempo de Dios, Jesús vino físicamente y murió hace aproximadamente 2,000 años, cumpliendo el plan que Dios tenía en su mente y corazón para salvarnos. Así que te eligió y te limpió de tu pecado y te separó para ser su hijo. En ese momento fuiste adoptado en la familia de Dios.

Efesios 1:5
En amor nos predestinó por medio de Jesucristo para adopción como hijos suyos, según el beneplácito de su voluntad,

Este versículo nos dice que hemos sido predestinados a la adopción. ¡Hemos sido adoptados en Cristo! La diferencia entre Jesús y nosotros es que Él es el Hijo unigénito de Dios. Esto significa que Él tiene el estatus único de ser nacido por Dios. Nació de forma milagrosa a través del nacimiento virginal. Nacimos a través de nuestros padres naturales, pero somos adoptados por nuestro padre espiritual. Jesús siempre será el único hijo de Dios, y nosotros siempre seremos los hijos adoptivos de Dios.

Aquí hay algunas noticias impresionantes. Una vez que una familia decide adoptar un niño, ese niño es elegible para tomar parte de los mismos privilegios a los que un niño natural tendría derecho. Como Dios padre nos adoptó, ahora compartimos la misma herencia que Cristo tiene, y tenemos derecho a usar su nombre y ejercer nuestra autoridad sobre nuestras circunstancias. Ahora hemos sido nombrados con su nombre. Un buen nombre tiene mucho peso e influencia, y las escrituras dicen que a Jesús se le ha dado un nombre, que está por encima de todo nombre, y tienes el derecho de pacto como hijo adoptivo de usar su nombre para llevar el poder de su reino a la escena en tu vida. Así que hemos sido elegidos, adoptados y aceptados en Cristo.

Efesios 1:6
Para alabanza de la gloria de su gracia, con la cual nos hizo aceptos en el Amado.

¡Una vez que lo recibes a Él, entonces Él te acepta! Dios no te rechaza. Una vez que recibes a Cristo, entonces Él está en ti y tú estás en Él. Dios Padre aceptó a Cristo y te acepta en Él. Fuera de Cristo eres rechazado, sólo en Cristo eres aceptado. ¿Por qué? Porque no puedes venir a la presencia de Dios Padre excepto a través de Cristo. Tiene que ser a través de su sangre. Jesús dijo que nadie viene al padre excepto a través de mí. Jesús dijo, "Yo soy el camino", y también declaró yo soy la puerta. No se puede entrar en una casa si no es a través de la puerta principal. Jesús es la puerta principal. Una vez que te das cuenta de esta verdad, los maravillosos planes de Dios comienzan a desarrollarse en tu vida. Empiezas a ver el propósito y el plan que Dios tiene para ti. Los planes que Dios tiene para ti ya están pre-planeados, sólo tienes que descubrirlos.

Efesios 2:10
Porque somos hechura suya, creados en Cristo Jesús para buenas obras, las cuales Dios preparó de antemano para que anduviésemos en ellas.

La palabra hechura significa obra maestra. ¿Alguna vez has visto a un artista dibujar un cuadro maravilloso? Es como una obra maestra. Bueno, tú eres la obra maestra de Dios. Él nos ha diseñado para que seamos únicos, hermosos, con talentos y dones. Te ha llamado y ha puesto en ti dones que nadie más en la tierra puede cumplir excepto tú. Además, nadie en la tierra puede ser duplicado.

Cuando un artista dibuja un cuadro, cada cuadro es único,

así como cada vida es única. Nadie puede compararse contigo, porque no hay nadie más como tú. Eres la obra maestra de Dios en Cristo, y Él te ha creado en Cristo para las buenas obras. Por lo tanto, en el momento en que recibes a Jesucristo, comienzas a descubrir tu llamado. También descubrirás la perfecta voluntad de Dios para tu vida. Dios planificó tu vida antes de crear el mundo. Todo lo que te queda por hacer es descubrir cuál es ese plan perfecto para tu vida y comenzar a caminar en él. El Espíritu Santo revelará ese plan mientras caminas por la fe y lo buscas. Cuando Abraham obedeció a Dios para dejar su tierra natal, las escrituras dicen que no sabía a dónde iba, pero comenzó a moverse en la voluntad de Dios por fe.

> *Hebreos 11:8*
> *Por la fe Abraham, cuando fue llamado, obedeció para salir al lugar que había de recibir por herencia; y salió sin saber a dónde iba.*

Al el dar ese paso de fe, Dios continuó revelando su perfecta voluntad para su vida. Eso es exactamente lo que El hace y seguirá haciendo en nuestras vidas. Recuerda que eres la obra maestra de Dios en Cristo.

CAPÍTULO 4

REDIMIDO EN CRISTO

Efesios 1:7
En Él tenemos la redención a través de su sangre, el perdón de los pecados, según las riquezas de su gracia.

No puedes llegar a ser redimido porque ya estás redimido. La palabra redención significa una liberación afectada por el pago de un rescate. Significa ser recomprado, volver a comprar o recuperar lo que se ha perdido. Adán nos perdió en el Jardín del Edén, pero Jesucristo nos ganó de nuevo en la cruz del Calvario. Dios nos redimió antes de que Adán nos perdiera. La Biblia declara que Jesús fue asesinado antes de la fundación del mundo. El precio se pagó hace 2,000 años, pero cuando lo recibes ese sacrificio se aplica a ti. Fuera de Cristo estamos perdidos, pero en Cristo hemos sido encontrados y redimidos. Tenemos el perdón de los pecados. ¿Qué tan liberador es eso? Que cada pecado que has cometido ha sido limpiado por la sangre de Jesús. No hay necesidad de tener ninguna culpa o vergüenza porque la sangre ha cubierto y destruido tu pecado. Nunca te concentres en lo que has hecho en tu pasado; sólo concéntrate en lo que Jesús hizo en su pasado, porque su pasado borra tu pasado. Comienza a decretar, "¡Estoy redimido en Cristo!" Una vez que se borra el pecado, comienza la relación con Dios, y tú, que una vez estuviste lejos de Dios, puedes tener ahora intimidad con Dios.

Efesios 2:13
Pero ahora en Cristo Jesús ustedes, que en otro tiempo estaban lejos han sido acercados por la sangre de Cristo.

Según esta escritura, ahora puedes ir con confianza al trono de la gracia a través de la sangre de Jesús. A través de su sangre ahora tenemos acceso. Piensa en el ejemplo de entrar en tu propia casa. Por supuesto que entrarás audazmente a tu casa porque sabes que vives allí. Sin embargo, imagina que intentas entrar en la casa de un desconocido con audacia. No podrias hacerlo, ¿verdad? Sólo puedes entrar con permiso y la sangre de Jesús es nuestro permiso para entrar en el trono de la gracia. Debido al pecado, una vez estuvimos lejos, pero debido a que la sangre de Jesús lavó nuestros pecados, ahora estamos cerca de la presencia de Dios. Sólo en Cristo podemos acercarnos. Fuera de Cristo estamos lejos de Dios. Gracias a Dios que ahora tenemos acceso al lugar más glorioso y sagrado del universo, que es el trono de Dios.

Hebreos 10:19
Así que, hermanos, teniendo plena confianza para entrar al lugar santísimo por la sangre de Jesús,

Ya que a ti y a mí se nos ha mostrado tal misericordia y gracia, debemos hacer lo mismo. Hemos sido perdonados, así que debemos hacer lo mismo.

Efesios 4:32
Más bien, sean bondadosos y misericordiosos los unos con los otros, perdonándose unos a otros como Dios también los perdonó a ustedes en Cristo.

En Cristo tenemos el perdón de los pecados. Dios Padre sólo te perdona en Cristo. Fuera de Cristo, no hay perdón. Se ha pagado el precio para que todos sean perdonados, pero ese perdón no puede ser recibido al menos que le hayas pedido a El que entre en tu corazón. Dios ha elegido perdonarnos todos nuestros pecados en Cristo. Jesús te representa en el cielo, y cuando pecas todo lo que tienes que decir es "Padre en el nombre de Jesús perdóname" y el Señor responderá a esa oración. Él responderá porque te perdona en Cristo. Cristo se convierte en tu representante en el cielo como podemos ver en 1 Juan 2:1. Diga, "¡Estoy perdonado en Cristo!"

1 Juan 2:1
Hijitos míos, estas cosas les escribo para que no pequen. Y si alguno peca, abogado tenemos delante del Padre, a Jesucristo el justo.

CAPÍTULO 5

COMPLETO EN CRISTO

Colosenses 2:10

Y ustedes están completos en él, quien es la cabeza de todo principado y autoridad.

Aparte de Cristo, estás incompleto, y nadie puede completarte, excepto Cristo. Si piensas que quieres casarte, porque sientes que alguien más te completará, piénsalo de nuevo. Una pareja no puede hacerte completo. Si tienes hijos, no pueden completarte, ¡sólo Cristo puede completarte! No podemos poner esa responsabilidad sobre otro ser humano que no tiene la capacidad de satisfacer tu vida espiritual porque eso sólo está reservado para Cristo.

Sólo estás completo en Cristo. Y el apóstol Pablo es el que escribe esta escritura y él no estaba casado. Hay bebés que nacen con defectos físicos, y a veces, les faltan partes del cuerpo; pero cuando naces de nuevo no hay defectos espirituales. Tu hombre espiritual está completo en Cristo. Todo lo que necesitas para vivir una vida exitosa ha sido depositado en tu interior. Una vez que sepas que estás completo en Cristo ya no debes tener una baja autoestima porque verás que no te falta nada en Cristo. Cómo te ves a ti mismo es como la gente te va a ver. Hay personas que tienen parejas, hijos, dinero y buenas carreras y todavía sienten un vacío en su interior. ¿Por qué? Porque el vacío sólo puede ser satisfecho en Cristo. Las escrituras dicen (en Hechos 17:28) que en Él vivimos, nos movemos y tenemos nuestro ser. Nuestro propio ser existe por Él, así que ¿cómo podemos vivir separados de Él, cuando fuimos hechos por Él, a través de Él y para Él?

Efesios 1:13
En él también ustedes, habiendo oído la palabra de verdad, el evangelio de su salvación, y habiendo creído en él, fueron sellados con el Espíritu Santo que había sido prometido,

Este versículo afirma que tu estás sellado con el Espíritu Santo. Ahora eres propiedad de Dios y todo lo que le pertenece a Dios es Su responsabilidad cuidarlo. Por eso Jesús nos dijo que no nos preocupáramos por lo que comeremos, vestiremos o beberemos, porque tu padre celestial sabe las cosas que necesitas. Ustedes son sus ovejas, y Él es su Pastor. El salmista dice: "El Señor es mi pastor, nada me faltara". La palabra "faltara" significa que no hay carencia. No te faltará nada cuando tengas al Señor como tu pastor.

Gálatas 3:28
Ya no hay judío ni griego, no hay esclavo ni libre, no hay varón ni mujer; porque todos ustedes son uno en Cristo Jesús.

Vemos que estamos completos, sellados y unidos en Cristo. La unidad espiritual que tenemos en el espíritu es sobrenatural. Es un milagro cómo Dios puede tomar gente de diferentes naciones y culturas y unirnos espiritualmente.

Vemos que en el espíritu no importa cuál es tu género o cuál es tu raza; nada de eso importa en el espíritu. Si estás expulsando a un demonio, no importa si eres hombre o mujer. En el ambito espiritual, los demonios sólo entienden la autoridad. No tiene nada que ver con "sólo un hombre puede expulsar demonios". Las mujeres también pueden expulsar demonios, porque tiene que ver con la autoridad en el espíritu. Cuando naciste de nuevo, tu espíritu fue recreado en Cristo, y te convertiste en una nueva creación en Cristo. Cuando fui salvado por primera vez, recibí un nuevo espíritu; sin embargo, mis genes físicos no cambiaron. En el espíritu no importa la raza, nacionalidad o sexo que seas. Lo único que importa es que somos una nueva creación en Cristo.

Podemos ver que Dios Padre ha traído la unidad en Cristo. Donde no hay ni hombre, ni mujer, ni judío, ni griego, lo cual significa que no importa lo que eres en lo natural, sólo importa lo que eres en el espíritu. Podrías haber sido racista antes de ser salvo, pero cuando naciste de nuevo, Cristo cambió tu corazón. Por lo tanto, trajiste el racismo a la cruz y lo crucificaste. No importa si es una iglesia blanca o negra o una iglesia latina, es una sola iglesia en Cristo porque en Cristo hay unidad. No importa de qué color seas. No importa dónde naciste físicamente, lo que importa es que hayas nacido de nuevo. ¡Aleluya! Hay racismo en el cuerpo de Cristo, lo cual es un pecado porque Jesús vino a traer unidad, no división.

Es una sola iglesia en Cristo comprada con la sangre de Jesús. Y si eres un racista, una vez que sea salvado y si sigues llevando ese racismo contigo, sólo llévalo a la cruz y deja que ese racismo sea crucificado en ti. No hay una raza mejor que la otra. Cada raza tiene sus puntos fuertes y debilidades, pero cuando nos unimos en Cristo recogemos todas las fuerzas y luego le damos todas las debilidades a Cristo. ¡Estamos UNIDOS en Cristo!

Apocalipsis 5:9
Ellos entonaban un cántico nuevo, diciendo: "¡Digno eres de tomar el libro y de abrir sus sellos! Porque tú fuiste inmolado y con tu sangre has redimido para Dios gente de toda raza, lengua, pueblo y nación.

En esta escritura podemos ver que cada tribu, cada lengua y cada nación se reunió ante la presencia de Dios. ¡Alabado sea Dios! ¡Reprendo el racismo en la iglesia en el nombre de Jesús! ¡Declaro que somos uno en Cristo!

CAPÍTULO 6

SANADO EN CRISTO

1 Pedro 2:24

Él mismo llevó nuestros pecados en su cuerpo sobre el madero a fin de que nosotros, habiendo muerto para los pecados, vivamos para la justicia. Por sus heridas ustedes han sido sanados.

Él mismo llevó nuestros pecados. ¿Dónde? Llevó nuestros pecados en su propio cuerpo. Él cargo nuestros pecados en su cuerpo, en la cruz, y luego dice que nosotros, habiendo muerto a los pecados, vivamos para la justicia.

Así que cuando te conviertes en cristiano, debes morir al pecado, no vivir para el pecado. Lo que significa que no debes seguir pecando. O no debes seguir practicando el pecado, porque ahora eres justo en Cristo. Aquí vemos dos cosas resueltas en nuestras vidas por el sacrificio de Cristo. ¡Nuestros pecados son perdonados, y nuestros cuerpos son sanados!

La escritura dice en el versículo 24: Por sus llagas fuiste sanado. Confiesa: "¡Estoy sanado!" La biblia dice en esa escritura, "por sus heridas fuiste sanado". Hagamos hincapié en la "do" de la palabra "sanado". ¿Qué significa eso exactamente? Significa en el tiempo pasado. Eso significa que ya estás sanado. ¡Aleluya!

Isaías 53:4 dice, "Ciertamente él ha llevado nuestra pena..." la palabra pena en el hebreo es koli, que significa enfermedades. En Isaías 53:4, Isaías está mirando al futuro y el Espíritu Santo le está dando una revelación sobre Cristo en la cruz. Dijo, "seguramente" mirando a Jesús en la cruz. Seguramente él ha llevado o cargado nuestro koli o nuestras enfermedades. Así que no sólo llevó Jesús tu pecado, sino que también llevó tu enfermedad. Jesús llevó tu enfermedad (koli) en la cruz. El precio ha sido pagado para que seas perdonado, y el precio ha sido pagado para que puedas ser sanado. ¿Te gusta estar enfermo? A nadie le gusta estar enfermo. ¡Jesús pagó el precio para que puedas recibir tu sanación! Así que Él llevó nuestro pecado y enfermedad, y por sus heridas somos sanados.

Azotaron a Jesús muchas veces en su espalda; y cada llaga representaba tu sanación. Algunas personas sólo conocen el frente de la cruz, pero también está la parte de atrás de la cruz. Isaías dice, "Estamos sanados", lo que indica que mira hacia el futuro. Entonces Pedro escribe esto después de la muerte, entierro y resurrección de Jesús (en 1 Pedro 2:24) y mira a después de la cruz, mira al pasado y dice, "¡has sido sanado!" Tú y yo miramos al presente y decimos: "¡Estoy sano!" ¡Aleluya! Tu no eres el enfermo tratando de ser sano, eres el sanado que se esta aguantando su sanación.

Servimos a un Dios presente, no a un Dios que una vez fue. ¡Servimos a un Dios que es! Él es el "YO SOY". El "YO SOY" es tu sanador. El "YO SOY" es tu libertador. El "YO SOY" es tu proveedor. Nunca dice, "Yo fui" tu proveedor, sino que dice, "YO SOY". Gracias a Dios que Él no cambia. Nosotros cambiamos, pero Dios nunca cambia. Él es el mismo ayer, hoy y siempre. Si Él sanó hace 2,000 años, entonces adivina qué, Él todavía sana hoy. Si Él libero hace 2,000 años, entonces adivina qué, Él todavía libera hoy. Si Él proveyó hace 2,000 años, entonces Él todavía provee hoy.

¡Yo soy el DIOS que te sana! No es "yo era" como si ya no lo hiciera porque perdí el poder, o ya no sé cómo hacerlo. ¡Debes declarar sobre tu propia vida que estás sanado en Cristo! ¡El precio ha sido pagado! Podrías preguntarte "¿por qué la gente sigue enfermándose? ¿Por qué no se sanan?" Pregúntate a ti mismo esto: "¿Por qué hay todavía gente que no son salvos?" Cristo ya ha pagado el precio. Entonces, ¿por qué la gente no lo ha recibido?

Aquí hay una pregunta para que te hagas. ¿Cómo recibes la salvación? Es por la gracia a través de la fe. ¿Cómo recibes tu sanación? Es por la gracia a través de la fe. Se recibe a través de la fe. A menudo Jesús le decía a la gente "tu fe te ha curado". Entonces, ¿crees que nuestra fe tiene algo que ver con esto? Jesús nunca dijo, "Mi poder te ha sanado". Más bien decía, "tu fe te ha sanado". Así es como Jesús lo ve; yo tengo el poder, pero necesito tu fe para hacer la conexión. La única razón por la que la gente no son salvos es porque no han recibido el perdón de los pecados. Dios ya ha ofrecido su perdón, pero todo lo que la gente tiene que hacer es recibirlo. Por sus llagas ya has sido sanado. Ahora recibe la virtud de la sanación en tu cuerpo físico, desde tu cabeza hasta las plantas de tus pies en el nombre del Señor Jesús, ¡Amén! ¡Alabado sea Dios! ¿Se está aumentando tu fe en este momento?

Todas estas cosas sólo se encuentran en Cristo. Aparte de Cristo, no hay salvación. Aparte de Cristo, no hay sanación. Sólo se encuentra en Cristo.

> ### 2 Corintios 5:17
> **De modo que si alguno está en Cristo, nueva criatura es; las cosas viejas pasaron; he aquí todas son hechas nuevas.**

Una vez que recibimos a Cristo, nos convertimos en una nueva creación. Sólo en Cristo se encuentra esa experiencia de nueva creación. Fuera de Cristo no hay ninguna nueva creación en tu interior. Una vez que recibiste a Cristo, el mismo poder que creó los cielos y la tierra, te recreó en tu interior. Fuiste dado un nuevo espíritu, un espíritu nacido de nuevo, y el Espíritu Santo vino a vivir en el interior de tu espíritu recién recreado. En ese momento, comenzaste a experimentar esta novedad de vida. ¡Cristo en ti y tú en Cristo! Ahora eres uno con Dios, y al renovar tu mente con la palabra de Dios, comenzarás a pensar de acuerdo con tu nuevo hombre espíritu. Entonces vivirás la vida que Dios ha querido que vivas, que es una vida eterna. Esto no sólo significa vivir para siempre, sino vivir el tipo de vida de Dios. La vida al estilo de Dios es una calidad de vida, de caminar con Dios y experimentar su paz, alegría y bendiciones.

CAPÍTULO 7

VICTORIA EN CRISTO

2 Corintios 2:14
Pero gracias a Dios que hace que siempre triunfemos en Cristo y que manifiesta en todo lugar el olor de su conocimiento por medio de nosotros.

Aquí vemos que sólo en Cristo hay victoria. Fuera de Cristo, sólo hay derrota. Una vez que Jesús resucitó de la muerte, el obtuvo la victoria para nosotros. En la vida vas a enfrentar problemas y pruebas. Sin embargo, en Cristo, tendrás la victoria sobre tus problemas. Tendrás la victoria sobre la tentación, sobre la opresión, sobre la depresión, sobre la carencia, sobre la enfermedad, porque Dios siempre te lleva a triunfar en Cristo. Empieza a declarar que siempre ganas. ¡Dios siempre gana y el diablo siempre pierde! ¡Por lo tanto, nos mantenemos firmes sabiendo que tenemos la victoria! Cristo ya ha hecho todo el trabajo duro. Las batallas vendrán y parecerá que a veces pierdes la batalla, pero ya has ganado la guerra. Dios hace todas las cosas juntas para el bien de los que le aman. Cada cosa negativa que ha sucedido en tu vida, Dios la cambiará para bien. ¡Ningún arma formada contra ti, prosperará!

> **Gálatas 2:4**
> *a pesar de los falsos hermanos quienes se infiltraron secretamente para espiar nuestra libertad que tenemos en Cristo Jesús a fin de reducirnos a esclavitud.*

Aquí vemos que tenemos libertad en Cristo. Aparte de Cristo hay esclavitud, pero en Cristo hay libertad. En los Estados Unidos de América, celebramos el Día de la Independencia el 4 de julio. Es una celebración de la independencia de nuestro país del gobierno de Gran Bretaña. En contraste a la idea de independencia, nosotros como creyentes no debemos quedarnos con la mentalidad de mantenernos independientes de Dios, sino más bien aprender a ser dependientes completamente de Dios. Tu verdadera libertad viene de depender y permanecer únicamente en Él. Porque las escrituras dicen, "Así que, si el Hijo los hace libres, serán verdaderamente libres". Mucha gente trata de implementar una autoimpuesta religión, con diferentes reglas y regulaciones hechas por el hombre para intentar ganar justicia, pero el apóstol Pablo nos advierte que nos mantengamos en la gracia de Dios y no en las obras. Somos salvados por la gracia a través de la fe, no por las obras a través del miedo. Sé libre y mantente libre en la libertad de Cristo. Él dijo consumado es. Diga: "¡Tengo libertad en Cristo!"

Colosenses 1:12
Dando gracias al Padre que nos ha calificado, para ser partícipes de la herencia de los santos en la luz".

Aquí vemos que Dios nos ha calificado. Quiero hacer hincapié en la palabra "calificado". Es el tiempo pasado, lo que significa que ya ha sucedido. Él ya te ha calificado. Podrías decirte a ti mismo, "Cuando vaya a la iglesia todos los domingos, o cuando lea mi biblia todos los días, entonces estaré calificado." ¡No! ¡Él ya te ha calificado en Cristo! No hay nada que puedas hacer para estar calificado. ¡Él es el que te califica! La religión te hace hacer cosas, para ser calificado. Sin embargo, en el verdadero cristianismo, Dios te califica primero. Declara, "¡Estoy calificado!" Tu estás calificado para ser partícipe de la herencia. Dios te califica para tomar parte de esta herencia, pero tienes que leer la palabra de Dios para saber cuál es tu herencia.

Dice que tomas parte de esta herencia en la Luz. ¿Quién es la Luz? Jesús es la luz. ¡Jesús es la Luz del mundo! Por lo tanto, en Él tomamos parte de esta herencia. La obediencia activa las bendiciones. Cuando caminas en la luz, como Él está en la luz, entonces eres capaz de participar de tu herencia. Si caminas en obediencia, entonces las bendiciones se activan en tu vida. Por otro lado, si eliges caminar en la oscuridad, debes saber que la herencia está ahí para que participes. Sin embargo, no se activará en tu vida. Sólo se puede acceder en la luz. Si tu estas en la oscuridad, o practicando el pecado, a pesar de que tú eres un creyente, tu no seras capaz de tomar parte en la herencia que Cristo pagó por ti. La obediencia activa las bendiciones a las que ya tienes acceso, pero la desobediencia desactiva las bendiciones. Vemos que tenemos libertad en Cristo y estamos calificados en Cristo. También tenemos liberación en Cristo.

Colosenses 1:13
Él nos ha librado de la autoridad de las tinieblas y nos ha trasladado al reino de su Hijo amado,

"Él nos ha liberado". Jesús nos ha liberado del poder de la oscuridad. Cuando éramos pecadores, practicábamos el pecado y pertenecíamos al reino de las tinieblas. Jesús, la luz del mundo vino y te sacó de ese reino de las tinieblas y te transfirió a su reino. Por lo tanto, ahora tú y yo hemos sido liberados de las manos de Satanás, y ahora estamos en las manos de Jesús. El reino en el que ahora caminamos es un reino de luz, es un reino de poder, un reino de alegría, un reino de paz y un reino de bendición, mientras camines en la luz experimentarás la gloria del reino. Cuando estábamos en la oscuridad, experimentamos la oscuridad. Sin embargo, cuando llegas a la luz experimentas el reino de la luz.

¡Estamos en el mundo, pero no somos del mundo! Hay dos reinos en la tierra, el reino de las tinieblas y el reino de la luz. Como hijos e hijas de Dios, pertenecemos al reino de la luz. Por eso, experimentaremos todo lo que el reino de la luz tiene para ofrecer. Cuando Israel estaba en Egipto, Dios envió la novena plaga, que era la oscuridad sobre la tierra. La buena noticia es que los hijos de Israel tuvieron luz en Gosén. Estaban en la región llamada Gosén y allí había luz. La compañía eléctrica apagó las luces en todos los demás lugares excepto en Gosén. Eso es porque Dios era la compañía eléctrica de Israel. Así que mientras los egipcios experimentaban una profunda oscuridad, las escrituras dicen (en Éxodo 10:21) que era una oscuridad que se puede sentir. ¿Puede imaginar lo espesa que debe haber sido esa oscuridad? Así era en Egipto. Pero en Gosén no experimentaron un corte de energía. La diferencia entre los dos reinos es evidente, porque un reino experimentó la luz durante un tiempo de oscuridad, y el reino de las tinieblas no tenía la luz que el pueblo de Dios estaba experimentando. Comienza a agradecer al Padre por liberarte del reino de las tinieblas y llevarte al reino de la luz en Cristo.

CAPÍTULO 8

NUESTRA POSICIÓN EN CRISTO

Efesios 2:6
Y juntamente con Cristo Jesús, nos resucitó y nos hizo sentar en los lugares celestiales

Jesús murió, resucitó de entre los muertos, ascendió y se sentó a la mano derecha de Dios. Nosotros también experimentamos esto espiritualmente al mismo tiempo que él experimentó la muerte, la resurrección y la ascensión y ahora está sentado. Este versículo significa que tiene una posición de autoridad. Jesús ha sido levantado por encima de todos los principados y potestades, y ¿adivinen qué? Tú también. Dios Padre y Dios Hijo están sentados en lugares celestiales, y tú también. Dios es el que te ha posicionado; por lo tanto, nadie podrá destronarte. Tener esta posición actual, te da autoridad y poder sobre todo el poder del enemigo. En Cristo tienes autoridad y poder. Fuera de Cristo, no tienes autoridad ni poder.

Lucas 10:19
He aquí, les doy autoridad de pisar serpientes, escorpiones y sobre todo el poder del enemigo; y nada les dañará.

Declara que tenéis autoridad en Cristo Jesús.

2 Corintios 5:21
Al que no conoció pecado, por nosotros Dios lo hizo pecado, para que nosotros fuéramos hechos justicia de Dios en él.

Confiesa: "¡Soy justo en Cristo!" ¡Aparte de Cristo no hay justicia! En Cristo has sido hecho justo. Jesús en la cruz es hecho pecado y entonces nosotros somos hechos justos cuando lo recibimos. Hubo un intercambio de pacto. Jesús dice: "Dame todo tu pecado; tus mentiras, tus engaños, tus robos, tu fornicación, tus adulterios, dame todo tu pecado y te daré toda mi justicia". ¡Qué trato tenemos con él!

"¡Yo tomo tu pecado, tú tomas mi justicia!" Cuando recibes a Cristo te vuelves tan justo como Cristo. No existen dos tipos diferentes de justicia. Es la misma justicia, cual es la justicia de Dios. Empieza a declarar, "¡Ya soy justo!" Debes dejar de pensar de esta manera "oh, después de regalar dinero, después de ir a dar comida a los pobres, después de hacer esto y lo otro, entonces voy a ser justo". ¡No, no funciona así!

"¡Ya eres justo!" ¡Tú eres el justo en Dios, haciendo actos justos! Sin embargo, tú no haces actos justos para obtener ser justo, tu haces actos justos porque tú ya eres justo. Esa justicia sólo se encuentra en Cristo. Aparte de Cristo no eres justo, pero en Cristo eres la justicia de Dios. ¡Declara que eres justo en Cristo!

Apocalipsis 1:6
Y nos ha hecho reyes y sacerdotes para su Dios y Padre, a Él sea la gloria y el dominio por los siglos de los siglos. ¡Amén!

Diga: "¡Soy un rey y un sacerdote!" La Biblia dice que Él nos ha hecho reyes y sacerdotes. Así que somos hecho reyes y sacerdotes. Por lo tanto, no te vas a convertir en rey, ya eres un rey. No te vas a convertir en un sacerdote, ya eres un sacerdote. ¡Un rey debe gobernar, y un sacerdote debe servir! Tenemos dos funciones. Di: "¡Yo soy un rey y un sacerdote!", así que, si eres un rey, entonces tienes que empezar a pensar como un rey. Necesitas empezar a hablar como un rey, y a caminar como un rey. ¡Tú eres un rey! ¡Tienes dominio en Cristo! Debes gobernar tu esfera de dominio. Debes gobernar y reinar en Cristo. Como sacerdote, debes cumplir con tus deberes sacerdotales, que son atender primero a Dios y luego al pueblo. Debes verte a ti mismo como un sacerdote real como dice la escritura (en 1 Pedro 2:9).

1 Pedro 2:9
Pero ustedes son linaje escogido, real sacerdocio, nación

santa, pueblo adquirido, para que anuncien las virtudes de aquel que los ha llamado de las tinieblas a su luz admirable.

Real significa que tienes un estatus de rey. ¡Vaya! No eres sólo un gusano o una alfombra sobre la que el diablo puede pisotear. Tienes una poderosa autoridad y poder. Eres el hijo elegido y ungido de Dios. ¡Así que empieza a caminar y a vivir como el rey y el sacerdote que eres en Cristo Jesús!

DECLARACIÓN

Tu confesión es tu posesión! Lo que declaras y decretes sobre tu propia vida se hará realidad. Nadie tiene más influencia sobre tu vida, que lo que tu declares con tu propia boca. Aquí hay decretos, declaraciones y confesiones para que profeses sobre tu vida de acuerdo con la palabra de Dios.

Salmo 2:7
Yo declararé el decreto: el SEÑOR me ha dicho: "Tú eres mi hijo; yo te engendré hoy

Job 22:28
Decidirás algo, y se te realizará; la luz resplandecerá sobre tus caminos.

1) ¡Ya estoy bendecido con toda bendición espiritual en los lugares celestiales en Cristo!

2) Tengo la bendición de Abraham sobre mi vida, y todo

lo que hago prospera.

3) Creo que todas las promesas de Dios son sí y amén en mi vida.

4) Fui elegido en Cristo antes de que el mundo fuera creado.

5) Soy el hijo adoptivo de Dios, y tengo los mismos privilegios que Jesús.

6) Soy aceptado por Dios.

7) Soy redimido en Cristo.

8) He sido acercado a Dios a través de la sangre de Jesús.

9) Soy perdonado en Cristo.

10) Tengo una herencia en Cristo, que incluye bendiciones en esta vida y en la vida porvenir.

11) Soy la obra maestra de Dios en Cristo. No hay nadie en la tierra como yo.

12) Soy completamente completo en Cristo. No tengo defectos en mi hombre espíritual.

13) He sido unido a Jesús y a todos los creyentes del mundo.

14) He sido sellado con el Espíritu Santo. Soy propiedad de Dios.

15) Tengo claridad de visión en Cristo. Puedo ver el propósito de Dios en mi vida.

16) Estoy sanado en Cristo. Jesús tomó mi pecado y mi enfermedad en la cruz.

17) Soy una nueva creación en Cristo. La sangre de Jesús ha borrado mi pasado.

18) Triunfo sobre cada circunstancia de la vida a través de Cristo.

19) Estoy calificado en Cristo, y puedo participar de todas sus bendiciones.

20) Soy liberado del poder de las tinieblas. Ahora vivo en la luz.

21) Tengo la libertad en Cristo, y nunca más estaré en esclavitud.

22) Estoy sentado en los lugares celestiales. Tengo autoridad sobre los demonios.

23) Soy justo en Cristo, y soy tan justo como Jesús.

24) Soy un rey y un sacerdote. Un rey para gobernar, y un sacerdote para servir.

BIO

El pastor Miguel viene del Bronx, N.Y., donde conoció a su esposa la pastora Gina. Empezaron a salir en 1994 y luego se casaron en el 2000. Fueron bendecidos con dos hijos, Seth y Seanna.

El pastor Miguel acepto al Señor Jesus durante su adolescencia, y debido a la muerte de su padre lo hizo acercarse más a Dios. El 4 de enero de 1998, fue bautizado con el Espíritu Santo en su casa, en su habitación. Dios entonces lo llevó a él y a su esposa a una iglesia llamada Misión Unida Internacional en agosto de 1999, donde serviría en ese ministerio y sería copastor por los próximos 12 años. Dios le habló a través de una palabra profética a los pastores Miguel y Gina, para que dejaran Nueva York y se mudaran a Tampa, FL. Esa palabra profética confirmó que iban a comenzar el ministerio de Fuego En El Altar. Los pastores Miguel y Gina lanzaron "Fuego En El Altar" el 7 de septiembre de 2014, donde están pastoreando actualmente.

El pastor Miguel también viaja internacionalmente como evangelista. Predica el evangelio de Jesucristo con una innegable unción de Dios. Muchas vidas han sido tocadas a través de su trabajo evangelístico. Mientras Dios continúa abriendo las puertas a las naciones, el pastor Miguel continuará diciendo "Aquí estoy Señor, envíame".

Información de contacto

Fire_At_The_Altar

Fire At The Altar Ministry

FireAtTheAltar@Yahoo.Com

Fire At The Altar